tredition®
www.tredition.de
AF672841

Jens Twest

Grünewald-Bericht

Eine Reise zum Isenheimer Altar

tredition®
www.tredition.de

Verlag: tredition GmbH, Hamburg

ISBN
Paperback: 978-3-7345-7188-6
Hardcover: 978-3-7345-7189-3
e-Book: 978-3-7345-7190-9

Printed in Germany

Bilder: bpk | RMN - Grand Palais,
Musée d'Unterlinden, Colmar

Grünewald-Bericht

Eine Reise zum Isenheimer Altar

Auf Grünewald bin ich gestoßen bei der Lektüre des von mir so geschätzten W. G. Sebald. Der Balsam seiner Texte erheiterte mir die Leere, die sich in mir ausgebreitet hatte, nachdem ich, um mit wagnerischem, meinem Empfinden durchaus angemessenem Pathos zu sprechen, meinen Balthar an Chlodewigs Taufbecken geleitet hatte und dort mit herzlichen Tränen von ihm Abschied genommen. Nach drei Jahren disziplinierten Schreibens und zwei Jahren zunehmend aussichtslosen Ringens hatte ich die Arbeit an dem großen Roman eingestellt, der mein Ausweg hatte sein sollen aus der Verwüstung eines schweren Zusammenbruchs. Dieser Versuch schien auf unvorhergesehene Weise sogar gelungen, denn meine Verfassung war wider mein Erwarten stabil. Enttäuscht waren allerdings meine Hoffnungen auf Reichtum und Ruhm, die ich gehegt hatte, um die Illusion eines Broterwerbs aufrecht zu erhalten. Was aber die Beseitigung meiner Täuschung zurückließ, war das Gefühl eines schwerelosen Friedens. Gegen die Beunruhigung durch diesen Schwebezustand und gegen die derweil keineswegs ausgesetzte Bedrohung durch das Gefühl existentiellen Scheiterns war ich mit Zazen, Yoga und eben der fortgesetzten Sebaldlektüre einigermaßen gewappnet. Nicht nur

Grünewald bescherte mir diese Lektüre. Neben mancherlei Einsichten und Anregungen war da die vorweihnachtliche Beschäftigung mit der Luftkriegsdebatte, den so schwer auszulotenden Abgründen deutscher Geschichte und den Planierarbeiten in allen Bereichen des gesellschaftlichen Wiederaufbaus.

Auch Grünewald ist durch wirre Fäden eingefangen in das Netz dieser deutschen Geschichte - und gibt damit ein Beispiel, wie willkürlich die Zusammenhänge sind, die wir erdeuten, um sie als Geschichte zu begreifen. Das „große Buch über den historischen Grünewald, das Dr. phil. W. K. Zülch im Jahr 38 zu Hitlers Geburtstag in alter Schwabacher Type vorlegte“ (Sebald, S. 13), ist ganz und gar durchdrungen von dem Ungeist der Zeit, den Zülch darin zu dem seinen macht. Es ist nicht leicht, nüchterne Worte zu finden für diese schaurige Mischung aus historischer Forschung, rassistischem Vorurteil und Übereifer in allen Belangen, und es bedarf einiger Disziplin, dem Impuls zu widerstehen, Befremden und Empörung mitsamt dem nebulösen Gefühl moralischer Überlegenheit durch Häme abzureagieren.

Denn lächerlich wirken für den Nachgeborenen rassebiologische Betrachtungen über die Wesensart der verschiedenen deutschen Gaue. Doch von bitterem Ernst ist, dass solche Volkskunde seinerzeit im Rang einer Wissenschaft stand. Nicht zu überhören ist das Hass- und Mordpotenzial dieser Ideologie, wenn eine Tätigkeit als Wanderkünstler für Grünewald abgelehnt wird mit dem Hinweis: „Solche Gesinnung passt nicht in die gotische deutsche Tradition, eignet nur den fremden Glücksrittern vom Schlage des Jacobo Walch, die wie die Infektion einer bösen Seuche durch die deutschen Lande zogen" (Zülch, S. 76-77). An dieser Stelle ist offensichtlich: Weltanschauliche Gesinnung und wissenschaftliches Urteil sind bei Zülch nicht voneinander zu trennen.

Nicht offen formuliert, doch umso bestimmender ist das ideologische Vorurteil, das Zülch bei der Grundthese seiner Arbeit leitet. Auf der Suche nach dem historischen Grünewald hatten die Kunsthistoriker Anfang des 20. Jahrhunderts zwei Personen aus den Archiven ausgegraben: Mathys Grune und Mathis Nithart oder Gothart (so ein einziges Mal im Kopf des Inventars seiner Hinterlassenschaften). Zülch hatte ursprünglich Mathys Grune mit Grünewald in Verbindung gebracht, sich aber dann dem Vorschlag Oskar Hagens angeschlossen, in Mathis

Nithart Grünewald zu sehen (Grünewald, S. 34). Wie auch immer die Frage nach der Identität des Künstlers zu beantworten sein mag: Dr. Zülch hatte keine Wahl. Ideologische Gründe zwangen ihn. Die Frau des Mathys Grune stammte aus dem Frankfurter Ghetto und war erst vor der Hochzeit, die anders ja gegen das das ganze Mittelalter hindurch geltende Eheverbot zwischen Christen und Juden verstoßen hätte, auf den Namen Anna getauft worden. Die Taufe war für das mittelalterliche Frankfurt ein Triumph und ein öffentlicher Festakt. Gemäß der Lehre jedoch, die an den biologistischen Begriff einer jüdischen Rasse glaubt und darin den Inbegriff alles Verachtenswerten sieht, kann das Bekenntnis zum christlichen Glauben den Makel der Abstammung nicht tilgen.* Für den deutschgläubigen Rasseideologen war Mathys Grune in Blutschande verheiratet. So einer konnte unmöglich der sein, von dem Zülch schreibt: Wir stehen „in Meister Mathis einer Persönlichkeit gegenüber von unerhörter Ausprägung, einem Genius, (...) einem aus dem Totalitätsbegriff dessen, was wir deutsche Gotik nennen, herausgeborenen Überflieger" (Zülch, S. 74-75).

---

* Eine traurige Pioniertat bei der Ausbildung dieses Wahns ist Richard Wagners Schrift "Das Judentum in der Musik".

So entschieden Zülch den verehrten Meister auch mit Mathis Nithart identifiziert, eindeutig ist nur der ideologische Gewinn. Die Biographie, die er mit vorentschiedener Brachialität entwirft, bleibt trotz allerlei Spekulationen und Glättungen brüchig. Ein Beitrag zum Verständnis der erhaltenen Werke kann eine solche Biographie nicht leisten. Auch die Frage nach der Identität des Meisters muss offenbleiben. Es kann wohl sein, dass der Künstler, der unter dem Namen Grünewald in die Kunstgeschichte eingegangen ist, Mathis Nithart hieß und sich Mathis Gothart nannte, einen Nachweis, der als einigermaßen gesichert gelten dürfte, kann das Buch von 1938 aufgrund seiner ideologischen Vorentschiedenheit nicht leisten. Ein handfester Nachweis aber ist nicht mehr zu erbringen: Die Archive, aus denen Zülch schöpfte, sind in den Feuerstürmen des Bombenkrieges untergegangen. Dass Zülch und seine Ergebnisse trotz allem bis heute in hohem Ansehen stehen, ist wohl unter die allerorten anfälligen Planierarbeiten des gesellschaftlichen Wiederaufbaus zu rechnen, die eine Gesellschaft hervorgebracht haben, die nicht auf den Schultern ihrer Vorfahren ruht, sondern auf platt gewalzten Schutt- und Knochenbergen.

Schon die ersten biographischen Nachrichten zu Matthias Grünewald verdanken sich einem gewissen nationalen Eifer. Joachim von Sandrart verfasste seine *Teutsche Academie der edlen Bau-, Bild-, und Mahlerey-Künste,* erstmals 1675 erschienen, um entsprechenden Werken in Italien und Frankreich etwas entgegen oder wenigstens an die Seite zu stellen.

Unter der Nr. 27 verzeichnet er „Matthäus Grünewald von Aschaffenburg Mahler" und bemerkt: „Es ist aber zu bedauern, daß dieser ausbündige Mann dermaßen mit seinem Werk in Vergessenheit gerathen, daß ich nicht einen Menschen mehr bey Leben weiß, der von seinem Thun nur eine geringe Schrift oder mündliche Nachricht geben könnte; damit jedoch seine Würdigkeit an den Tag gebracht werde, will ich mit besonderem Fleiß, so viel mir bewusst, anziehen, ohne welches ich glaube, daß dieses schöne Gedächtnis in wenig Jahre ganz völlig erlöschen würde." Die Dürftigkeit der Überlieferung zwingt schon Sandrart bei der Benennung des *ausbündigen Mannes* zu kombinieren. Er erläutert den in der Überschrift verwendeten Namen mit dem Hinweis: „Matthaeus Grünewald, sonst Matthäus von Aschaffenburg genannt". Immerhin gibt Sandrart damit Aufschluss darüber, wie der vom Vergessen bedrohte Meister zu dem Namen Matthias Grünewald kam. Sandrart selbst hatte das Malerhandwerk in Frankfurt gelernt. Von seiner Kenntnis der dortigen Verhältnisse her ist er sich sicher, dass der durch sein Werk in Frankfurt gegenwärtige Künstler nicht aus Frankfurt stammte oder dort ansässig war, sondern ordnete ihn entschieden Aschaffenburg zu. Dort war die verzweigte Malersippe Grünewald ansässig.

Als gesichert kann wohl der Vorname des Künstlers gelten. Ein so weit verbreiteter Name, zumal bei den zeittypischen Varianten in der Schreibweise, ist zwar kein belastbarer Ausgangspunkt für weitere Identifizierungsversuche. Und es mag blass sein, doch ist es kaum falsch, den *ausbündigen Mann* als Meister Mathis anzusprechen.

Das Dunkel um die Person der ruhmwürdigen Hand, die sakrale Kunstwerke geschaffen hat, die noch in unserer säkularen Zeit sprechen, ist für Sebald Anlass, den ersten Teil seines "Elementargedichts" *Nach der Natur* dem Künstler zu widmen, der in die Kunstgeschichte als Matthias Grünewald eingegangen ist. Sebalds dichterische Phantasie spürt in dem nach der Art von Versen gesetzten Prosatext diesem Künstler nach, über dessen Person Sandrart lediglich berichtet, dass er „ein eingezogenes melancholisches Leben geführt, und übel verheuratet gewesen". Diese Nachricht ist wohl kaum mehr als ein Topos, den Sandrart in seinem Werk auf etliche der beschriebenen Künstler anwendet. Der melancholische Charakter ist Ausdruck des Genies und für große Geister gehört es sich seit Sokrates, unglücklich verheiratet zu sein. Gut passen würde diese Nachricht allerdings auf Mathys Grune. Denn die Ehe mit der vielbewunderten Proselytin verlief nicht glücklich. Anna ist „händelsüchtig, krank, ein Opfer der bösen Vernunft, des Kopffiebers und des Wahnsinns geworden. Bis auf Besserung wird sie schließlich ins Spital eingeliefert, wo sie zum Zeitpunkt des Todes des Malers noch ausharrt in der Schwachheit ihres Leibs“ (Sebald, S. 15). Hinweise auf einen Grund für dieses Geschick sieht Sebald in den Werken des Künstlers. Er hat den Eindruck, dass der Meister „ein besseres Auge hatte für Männer, deren Gesichter und ganze Körperlichkeit er mit unendlicher Hingabe ausführte, während die Frauen meist alle verhüllt sind und ihn somit der Angst entheben, genauer sie ansehen zu müssen“ (Sebald, S. 15). Im Hauptwerk des Meisters zu Isenheim findet Sebald auch die Verknüpfung zwischen Mathys Grune und Mathis Nithart. „Eine Röntgenaufnahme der Sebastianstafel bringt hinter dem elegischen Porträt des Heiligen nochmals dasselbe Gesicht zum Vorschein, das Halbprofil in der endgültigen Übermalung nur um ein winziges weiter gewendet. Hier haben zwei Maler in einem Körper, dessen verletztes Fleisch ihnen beiden gehörte, ihre Natur ausstudiert. Zuerst hat Nithart aus dem Spiegel sein eigenes Bildnis gefertigt, und Grünewald hat es dann mit großer Liebe, Genauigkeit und Geduld und einem bis in die blauen Bartschatten hineingehenden Interesse an der Haut und am Haar seines Genossen übermalt. Das dargestellte Martyrium ist die noch an den Wundrändern spürbare Repräsentation einer Männerfreundschaft, schwankend zwischen Entsetzen und Treue. Nicht auszuschließen, daß Nithart, der auch Wasserkünstler gewesen ist, in späteren Jahren der Verwechslung seiner Person mit dem zunehmend leutscheuen Isenheimer Meister Vorschub geleistet hat, daß er vielleicht das Zwischenglied war zwischen ihm und der ihm durch sein Unglück unzugänglich gewordenen Welt" (Sebald, S. 17-18).

Eine solche Konstruktion ist nicht ohne Beispiel in der Literatur. Auch bei Jean Paul im *Siebenkäs* ist eine Verschmelzung der Identitäten Ausdruck einer Männerfreundschaft jenseits gesellschaftlicher Gepflogenheiten.

Den Reiz der sebaldschen Erdichtungen macht es aus, dass sie ihren Ausgang beim Kunstwerk selbst nehmen. Denn nur dort begegnet der Künstler und nur dichterisch ist seine Persönlichkeit hinter dem Werk zu erspüren. Deshalb wird man der Person des Künstlers wohl am ehesten gerecht, wenn man ihn nach seinem Hauptwerk benennt. So ist es Brauch, wenn - was im Mittelalter bei Schöpfern sakraler Kunstwerke nicht selten der Fall ist - zu einem Bild kein Name überliefert ist. Welchen Namen der Künstler zu Lebzeiten auch geführt haben mag, er *ist* der Meister des Isenheimer Altars.

Den vielgerühmten Altar zu sehen, fuhren wir nach Colmar. Gelegenheit zu dieser Reise gab uns wieder eine aufstrebende Veränderung in den Erwerbsverhältnissen von S. (Auf gleiche Weise war es 2013 zu der Unterbrechung des Alltags gekommen, die unsere Japanreise ermöglicht hatte.) Der trübe Januartag unserer Anreise war über weite Strecken in die goldenen Strahlen der Erinnerung an unsere Tübinger Studienzeit getaucht - eine Zeit, die gut war und sich noch viel besser in der Erinnerung ausnimmt. Nebliges Sumpfland ist die Vergangenheit, kaum zu sagen, was das wohlige Gefühl von Vertrautheit erregt. Denn das Gedächtnis kann nur sehr unscharf unterscheiden zwischen dem, das gleich geblieben, und dem, das sich verändert hat. Auch scheint in dem Moment wohliger Erinnerung, der doch die Gegenwart abwertend von der Vergangenheit unterscheidet und die Zukunft als fortschreitende Auslöschung begreifen muss, die Zeit in besonderer Weise aufgehoben. Die Gegenwart glüht im Glanz der Vergangenheit und dieser Überschwang schließt alle Hoffnung auf Zukunft noch mit ein. Nüchtern machte mich erst wieder der Rheingraben. Ich hatte mir die Landschaft so lieblich vorgestellt, wie das Wetter dort nach Ausweis der Wetterkarten mild sein soll. Der große Fluss hat von Urzeiten her eine weite Ebene geräumt. Sie präsentierte sich zersiedelt und grau. Es war bitterkalt.

Der erste bemerkenswerte Prospekt auf Colmar, den uns die Zielführung unseres Gefährts zuteil werden ließ, war der auf den Bahnhof. Das ganze Ensemble samt Wasserspiel davor und Hotel gegenüber stammt aus der großen Zeit des Fortschritts und der Eisenbahn und wirkt wie gestrandet fernab des heimatlichen Hafens. Da es ja eigentlich W.G. Sebald gewesen war, der uns nach Colmar geführt hatte, rührte mich diese der einstmals neuen Zeit geweihte Kathedrale als ein tiefsinniger Fingerzeig an. Vor meinem geistigen Auge sah ich seinen Austerliz durch den für den heutigen Provinzbahnhof viel zu weitläufigen Gebäudekomplex streifen, mit seiner Photokamera und auf der Suche nach Hallen, die in einen gespenstischen Schlummer gesunken sein müssen. In den Sälen der Brasserie, die zu den Einrichtungen des alten Hotelgebäudes zählt, aßen wir, nachdem wir unser Quartier bezogen hatten, auf elsässische Art viel zu üppig zu Abend. Dabei saß ich vor einer spiegelstarrenden Wand und für einen Moment fiel mich eine gespenstische Traurigkeit an. Wieder kam mir Austerlitz in den Sinn und ich bedauerte, dass ich nicht wusste, was dessen französische Anmerkung zu den Spiegeln im Wartesaal des Antwerpener Zentralbahnhofs besagt. Die Übersetzung mit der großen Suchmaschine ist mir ein weiterer Fingerzeig. Austerlitz stellt sich die Frage: Wie viele Arbeiter starben wohl bei der Herstellung dieser Spiegel an der bösartigen und tödlichen Wirkung der Inhalation von Quecksilber- und Zyaniddampf? (Austerlitz, S. 23)

Die Gemälde und Schnitzarbeiten, die heute in Colmar als Isenheimer Altar ausgestellt werden, sind nur Relikte des der Maria geweihten Wandelaltars der Antoniter zu Isenheim. Der Altarbau ist untergegangen in den Stürmen der Zeit, wie der Antoniterorden selbst und die Klosteranlage, in deren Kirche der Altar seinen Ort hatte. Nicht mehr auszumachen im Dunkel der Vergangenheit ist auch der gottesdienstliche Zusammenhang, in den der Altar einst eingebunden war. Bekannt ist nur, dass, wer neu in das Spital der Antoniter in Isenheim aufgenommen wurde, im Rahmen dieses Aktes vor den Altar geführt wurde. Vielleicht wurde bei dieser Gelegenheit sogar das gesamte Bildprogramm durch alle Wandlungen hindurch vorgestellt.

Augenfällig wird die Entwurzelung des Altars durch die museale Präsentation der Relikte. Um alle Teile gleichzeitig der Betrachtung zugänglich zu machen, muss die Anordnung der Bildtafeln bei den Öffnungszuständen aufgegeben werden. Nicht nur die Reihenfolge geht dadurch verloren. Für die erste Öffnung ergibt sich statt einer Gesamtansicht von vier Tafeln die Trennung in zwei Zweiergruppen. Die vierte Bildtafel kommt dabei neben und vor der ersten Bildtafel zu stehen. Bei der zweiten Öffnung geht der Zusammenhang des Schnitzaltars mit den Gemälden verloren. Nur die Ansicht des geschlossenen Zustands ist ungestört – mit der Einschränkung allerdings, dass die Anordnung der Standflügel nicht gesichert und umstritten ist.

Eine Fußnote zu den Stürmen, denen der Altar in seiner Geschichte ausgesetzt war (und seiner nationalen Vereinnahmung), ist seine Verbringung nach München in den letzten Wochen des so genannten Ersten Weltkriegs. Der provisorische Charakter der vielbeachteten Ausstellung in der Alten Pinakothek verhalf dem gottesdienstliche Ursprung des Kunstwerks in anrührender Weise zu seinem Recht. Um die auf dem Boden stehenden Bildtafeln besser betrachten zu können, knieten die Besucher in großer Zahl vor den Relikten des Altars nieder.

Einer der vielen Berichte über die „Beutekunst"-Ausstellung in München zieht sich denn auch demütig auf den Standpunkt zurück: „Über den Altar schreibe ich nichts weiter, es sind da Dinge, die nicht beredet werden können." Einzig angemessen scheint dem Schriftsteller Arnold Zweig der Appell: „Setzt alles daran, ihn zu sehen!"

Es ist wahr: Der Altar lässt verstummen. Das Schweigen jedoch ist nicht allein Ausdruck von Ergriffenheit. Der Altar selbst bleibt in vielem stumm. Nur bruchstückhaft erschließen sich die verschachtelten Bedeutungsräume seiner Bilder- und Symbolwelt.

Der Isenheimer Altar ist eines der letzten großen Altarwerke und mit seinem komplexen Bildprogramm nicht nur einzigartig, sondern auch weit über die Ursprünge des Wandelaltars als Schutzschrein für einen Schnitzalter hinausgewachsen. Er ist die späte Blüte einer Tradition, die nach ihm abreißt, und der höchst verfeinerte Ausdruck einer Kultur, die vor ihrem Ende steht. Ausdruck und Motor dieses Zeitenwechsels ist die lutherische Reformation. Der kulturelle und spirituelle Kosmos, der im Begriff ist zu zerbrechen, ist das katholische Mittelalter – eine Fragmentierung, die Anlass sein mag, vom Ende des christlichen Abendlandes zu sprechen.

Jedenfalls ist der Traditionsbruch radikal: In der neuen Zeit werden kaum mehr Altäre gestiftet und Reliquien werden nicht mehr in dem großen Stil, der sich in der Münchner Erasmustafel des Meisters zeigt, zur Schau gestellt. Wie sein Lebensunterhalt geht in diesem Umbruch auch das Wissen um Meister Mathis' Person unter. Und versunken ist auch der geistige Horizont, aus dem heraus das Bildprogramm des Altars geschaffen wurde und der das Bezugsfeld aufspannte, in das hinein der Altar sich mitteilte. Die vielgestaltige spirituelle Landschaft, die der Altar in sorgfältig gewählten Perspektiven abbildet, ist entglitten in das Halbdunkel einer Schattenwelt. Jedes Verstehen über die Abgründe hinweg, die der Wechsel der Zeiten gerissen hat, kann nur Schlaglichter werfen. Jeder Lichtkreis aber vertieft die Dunkelheit um ihn her. Die ganze Vielfalt der sich je nach Perspektive wandelnden Bezüge, die sich im vollen Licht einer lebendigen Tradition denen auftaten, die sich in dieser Landschaft zu bewegen wussten, ist nicht mehr zu erschließen.

Die perspektivische Ambivalenz des großen Werkes steht auch allen Versuchen entgegen, seinen Bilderkosmos für eine durchgängige Deutung auf Linie zu bringen. Das gilt nicht nur für den Bedeutungs- und Symbolgehalt seiner Details. Schon die Bildtafeln als ganze lassen sich nicht nur auf eine Weise, nicht eindeutig in Beziehung setzen. Sie sind durch ihre Anordnung innerhalb einer Ansicht und durch die Abfolge der Öffnungszustände aufeinander bezogen. Doch schon wie diese vor Augen stehenden Bezüge herzustellen und zu verstehen sind, ist unter den Interpreten umstritten. Noch einmal ganz quer dazu verlaufen die Bezüge von Vorder- und Rückseite der Tafeln. Obwohl diese Bezüge nicht dem sich mit jeder Wandlung windenden Weg der Öffnungszustände folgen, sind sie durchaus nicht willkürlich. Ihre Benennung dringt vielmehr direkt vor in das innerste Wesen eines Wandelaltars:

die Gleichzeitigkeit von Sichtbarem und Verborgenem in der ritualisierten Wiederholung von Verhüllen und Offenbaren. Als Ordnungsprinzip einer Beschreibung scheinen mir diese gewissermaßen in die Tiefe des Altars zielenden Bezüge besonders geeignet, um einen Eindruck zu vermitteln von der Dramatik einer Begegnung mit dem Werk des Isenheimer Meisters.

Die Wucht der ursprünglichen Wirkung ging noch weit darüber hinaus. Um vor den Altar zu treten, war ein Lettner zu durchschreiten. An ihm hingen die schwarzen und verdorrten Gliedmaßen, die das heilige Feuer - so einer der Namen der Mutterkornvergiftung - ihren Opfern entrissen hatte. Hinter dem Lettner füllte der Altar mit seinem Maßwerk den begrenzten Raum des Chores in Höhe und Breite übervoll aus. Stufen führten zu dem Altartisch, als dessen Aufsatz der Wandelaltar diente. Wer vor den Stufen stand, hatte die Predella auf Augenhöhe. Um die großen Bildtafeln zu betrachten, musste der Blick dann steil emporgerichtet werden.

Im geschlossenen Zustand zeigen die Mittelflügel des Altars eine Kreuzigungsszene vor dem abgrundtiefen Dunkel der Sonnenfinsternis zur Todesstunde, Glut speiend tut sich im Hintergrund die Erde auf; rechts, übergroß, der zerschundene Christus am

Kreuz, die durchnagelten Hände totenstarr verkrampft; darunter Johannes der Täufer, er weist auf den Gekreuzigten mit den Worten: Jenem gebührt es zu wachsen, mir aber weniger zu werden (Illum oportet craescare, mihi autem minui), zu Füßen ein blutendes Lamm mit Kreuz, das Blut fließt in einen Kelch. Auf dem linken Flügel umfängt der Jünger Johannes die mit gefalteten Händen, ohnmächtig zurücksinkende Mutter des Gekreuzigten. Maria Magdalena kniet unter dem Kreuz, neben ihr ein Salbgefäß*; ihre Haare sind in Trauer aufgelöst und die Hände, ringend emporgehoben, stehen hell vor dem Dunkel des Hintergrundes.

Die Predella zeigt den riesenhaften Leichnam Christi, um ihn die beiden Marias, weinend, und der Jünger Johannes, der den Oberkörper des Toten aufrichtet; vor einer weiten Fluß- und Berglandschaft steht der offene Sarg und liegt die Dornenkrone.

Die Standflügel links und rechts haben nur etwa die halbe Breite der Mitteltafeln. Der eine Standflügel zeigt den Heiligen Sebastian in seinem Martyrium.

---

* Die in der Bemalung des Gefäßes als Ornament versteckte Zahl 1515 kann gut das Jahr angeben, in dem der Meister sein Werk abgeschlossen hat.

Halbnackt steht er auf dem Sockel einer Säule, durchbohrt von drei Pfeilen, die sich in rätselhafter Symbolik mit weiteren um den Märtyrer angeordneten Pfeilen kreuzen und drei Bündel ergeben. Sein Gesichtsausdruck ist von verklärter Gelassenheit. Durch ein Fenster ist wieder eine weite Landschaft sichtbar. Aus dem Himmel über ihr tragen zwei Engel die Märtyrerkrone herbei.

Der zweite Standflügel zeigt den Heiligen Antonius im Gewand eines Abtes; sein Amtstab trägt das tauförmige Antoniterkreuz. Auch er steht auf einem Säulenpodest und sein Gesichtsausdruck ist gelassen. Durch die Butzenscheiben hinter ihm bricht ein Dämon mit weiblichen Brüsten. Der Faltenwurf seines Mantels weist auf die Art seiner Versuchung und verrät eine intimere Kenntnis der weiblichen Anatomie, als Sebald dem Meister des Altars zutrauen will. Die Darstellung gibt mit der einerseits delikaten, andererseits diskreten Elementarisierung ein gutes Beispiel für die voraussetzungsreiche Verfeinerung des Ausdrucks. An der Seite des Heiligen wurde gewöhnlich eine verführerische junge Frau gezeigt, die ihr teuflisches Wesen durch einen unter dem Kleid hervorschauenden Bocksfuß verrät. Beide Standflügel werden durch die erste Öffnung verdeckt.

Die Tafel mit dem Gekreuzigten offenbart auf der Rückseite den Auferstandenen. Frei schwebt er über dem geöffneten Sarg; im Gegensatz dazu: ein riesiger Felsblock im Hintergrund und die erdenschwer niedergesunkenen Wachsoldaten. Der Auferstandene strahlt aus einer sonnenartigen Gloriole hervor, deren universeller Glanz eins ist mit ihm. Das Leichentuch folgt der triumphalen Aufwärtsbewegung und macht die Dynamik des Geschehens anschaulich. Die Wundmale an Händen und Füßen leuchten wie Nebensonnen am sternenvollen Firmament.

Die ohnmächtig zurücksinkende Maria empfängt auf der Rückseite der Tafel in ähnlicher Haltung, diesmal scheu zurückschreckend, die Verkündigung des Erzengels. Der mit wehendem Mantel herabgefahrene Gabriel deutet mit einer ebenso segnenden wie gebieterischen Geste auf Maria, in seiner Linken hält er einen Hoheitsstab. Eine Taube schwebt strahlend und weiß im Raum. Aufgeschlagen vor Maria liegt ein Buch, in dem in brevierhafter Dopplung die Emanuel-Verheißung des Jesaja zu lesen ist. Über Maria in einem Bogenwinkel des kirchenartigen Raums ist Jesaja selbst zu sehen. Das aufgeschlagene Buch in seinen Händen zeigt ein drittes Mal die Verheißung auf die Jungfrau, die den Messias gebären wird.

Zwischen der Verkündigung an Maria und dem Auferstandenen stehen in der ersten Wandlung des Altars zwei Tafeln, die mit der bis ins Phantastische erblühten Marienfrömmigkeit des Mittelalters konfrontieren und deren Symbole sich, über den pauschalen Hinweis auf die Jungfräulichkeit hinaus, kaum noch erschließen. Auch der Hinweis auf mannigfache Anklänge an die Schriften der heilig gesprochenen Mystikerin Brigitta von Schweden schafft keine Abhilfe. Ihr *Hymnus über die Freude der Engel vor der Erschaffung der Welt über den Entschluss Gottes durch Maria das Heil der Menschen zu stiften* belegt schon durch den Titel die Fremdartigkeit dieser Vorstellungswelt. Eine Differenzierung der Symbole nach den Akzenten ihres spirituellen Anliegens erlauben diese Schriften nicht.

Im Chor der Dominikanerkirche, in der die Tafeln des Isenheimer Altars zur Zeit unseres Besuchs wieder einmal eine provisorische Bleibe hatten, ist Martin Schongauers „Maria im Rosenhag" zu sehen. Bei aller Symbolik ist ihre goldstrahlende Pracht unmittelbar herzerwärmend. Zudem wird der Andacht eine Anleitung gegeben: Nimm auch mich als dein Kind an, oh heiligste Jungfrau! Diese Worte haben mich tief und zu Tränen gerührt. Der warme Glanz der Darstellung und die transzendierende Bitte, mütterlich angenommen und aufgehoben zu sein, rührten an der Wunde, die mein Herz wieder und wieder blutend macht.

Die Tafeln der ersten Öffnung spannen den Rahmen weiter. Sie ordnen das metaphysische Ideal der Mütterlichkeit in kosmologische und heilsgeschichtliche Zusammenhänge ein. Auf der rechten Mitteltafel sitzt Maria mit dem Jesuskind in einem ummauerten Garten und neben einem Rosenbusch. Ein kleines Bett, auf dem Windeln bereitliegen, und ein topfartiges, irdenes Gefäß vermitteln etwas von der fürsorglichen Behaglichkeit einer Kinderstube. Doch dahinter ragt eine Berglandschaft steil auf. Darüber thront Gottvater, umgeben von himmlischen Heerscharen. Sein Glanz strahlt auf Mutter und Kind nieder. Engel steigen auf und ab. Maria blickt auf den menschgewordenen Heiland. Ganz unterschiedliche Regungen stehen in ihrem Gesicht: Zärtlichkeit, Schmerz, Trauer, Zuversicht. Mit diesen Gefühlen greift die Szene über auf die Beweinung und Grablegung Christi in der Predella und die Auferstehungstafel zur Rechten.

Die Tafel zur Linken zeigt einen Pavillon, dessen Dekor die Möglichkeiten gotischer Kirchenbaukunst weit überbietet; bevölkert ist er mit einer unüberschaubaren Schar von Wesen aus anderen Welten; aus ihm hervor tritt Maria. Sie trägt eine Flammenkrone und einen leuchtenden Heiligenschein; zu ihren Füßen steht eine gläserne Karaffe. Zwei der Wesen im Pavillon musizieren, vor dem Pavillon spielt ein weiterer Engel ein celloartiges Instrument. Wohl als Zeichen für die sphärische Fremdheit seiner Musik hält er den Bogen verdreht in der Hand. Der Boden, auf dem er steht, verbindet die beiden Mitteltafeln, wie auch ein Waschzuber, der mit einem Tuch bedeckt ist.

Sehr gegensätzlich sind die Auffassungen darüber, was diese linke Mitteltafel darstellt. Eine Lokaltradition, die noch vor der Auflösung des Klosters und der Zerstückelung des Altars in der französischen Revolution festgehalten wurde, versteht die Szene als Vision der zärtlich und ahnungsvoll ihr Kind betrachtenden Mutter, die - analog zur Verherrlichung Christi durch die Auferstehung - ihre eigene Einsetzung zur Himmelskönigin sieht. Die gekrönte Maria wäre demnach nicht, wie es den Anschein hat, als schwangere Frau dargestellt, sondern ihre Gestalt erklärt sich aus der Mode der Zeit.

Tatsächlich gibt es auch Darstellungen von Jungfrauen, die als Martyrerinnen verehrt werden, in solchen Kleidern.

Die Versammlung von himmlischen Wesen findet auf der Rückseite der Tafel ihre Entsprechung in einer irdischen Gemeinschaft von Heiligen: den Eremiten Antonius und Paulus. Sie sitzen in der Klause des Paulus um eine Quelle, zwischen ihnen ein Reh. Ihre Gesten zeigen ihren Wetteifer, dem anderen den Vorrang einzuräumen. Hinter Antonius ragt ein toter Baum von einem Felsen auf. Vielleicht ein Hinweis auf die Reformbedürftigkeit des Antoniterordens – ein Anliegen der Präzeptoren des Isenheimer Klosters. Hinter Paulus, von dem Antonius geträumt hatte, dass er demütiger und heiliger als er selbst sei, ist eine grüne Palme zu sehen. Ein schwarzer Vogel ist im Anflug, im Schnabel das Brot für die wundersame Speisung, die dem Paulus täglich zuteil wird. Die Ration hat eine fürsorgliche Macht verdoppelt und hebt damit Antonius auf eine Stufe mit Paulus. Vor der Klause erstreckt sich eine Flusslandschaft, dahinter ragen wiederum felsige Berge auf. Die unberührte Natur mag idyllisch anmuten, doch dem mittelalterlichen Menschen galt sie als Wüstenei, Aufenthalt der Eremiten.

Auf der Rückseite der Tafel, die Maria mit dem Jesuskind zeigt, ist die Kehrseite der Menschwerdung dargestellt: Versuchung und Leid. Antonius ist am Boden und wird von einer wilden Horde dämonischer Wesen heimgesucht. Ein Pergament, das in der unteren rechten Ecke an einem verrotteten Baumstumpf geheftet ist, gibt seine Klage wieder: Wo warst du, guter Jesus, wo warst du, warum hast du nicht geholfen und meine Wunden geheilt? (Ubi eras ihesu bone ubi eras quare / non affuisti ut sanares vulnera mea) Unten links kauert eine von den Symptomen der Mutterkornvergiftung gezeichnete Gestalt. Eine Ruine ist zu sehen. Wieder ragen Berge auf und Gottvater thront in den Wolken.

Es ist denkbar, dass die gemalte Predella bei der zweiten Öffnung nicht entfernt oder weggeklappt wurde, sondern die zweigeteilte Predella auf einer Schienenkonstruktion auseinandergeschoben wurde und damit sichtbar blieb. Der Leichnam des Gekreuzigten wird dadurch unterhalb der Knie an beiden Beinen amputiert und kommt unter dem von Dämonen niedergeworfenen Antonius zu stehen. Das klagende „Wo warst Du?" des gequälten Antonius erhält damit bildlich seine Antwort: Am Boden. Zerschunden. Mit Dir.

Die abgetrennten Gliedmaßen des Heilands sind wie die Opfer der Mutterkornvergiftung und ihre abgestorbenen Glieder, die am Lettner vor dem Altar hängen, den Heiligen überantwortet.

Die Versuchung des Antonius zur Rechten, die Gemeinschaft der Heiligen zur Linken, rahmen die Gemälde das geschnitzte Innere des Altars. In der Mitte, erhöht, thront Antonius auf einem Prunkstuhl, zwei kniende Bittsteller bringen ihm Tiere als Opfergaben. Zur Rechten des Ordenspatrons steht der heilige Hieronymus, zu seinen Füßen der Löwe, dem er den Dorn aus der Pranke gezogen hat. Zur Linken steht der heilige Augustinus, nach dessen Regel die Antoniter lebten, im vollen Bischofsornat; zu seinen Füßen, dem Antonius zugewandt, kniet ein Mönch. Die Vermutung liegt nahe, dass es sich um Jean d'Orlier, dem Auftraggeber des Schnitzaltars handelt. In der Predella sind die Jünger um den segnenden Christus versammelt.

Den von Niklaus von Hagenau und seiner Werkstatt gefertigten Schnitzfiguren kommt nach der Dramaturgie des Wandelaltars zentrale Bedeutung zu. Doch der vielschichtige Kosmos der mittelalterlichen Heiligenverehrung ist verblichen und blass nehmen sich die Figuren neben den Gemälden aus.

Von ganz einzigartiger Ausdruckskraft aber sind die Farben der Altartafeln. Sie sind in Lasurtechnik gearbeitet. Viele, oft mehr als ein Dutzend transparente Schichten übereinander erzeugen Tiefenwirkung und Strahlkraft. Die Farbflächen sind außerdem konturiert - eine Technik, die in Italien entwickelt wurde, nördlich der Alpen zu dieser Zeit aber noch unüblich war und Anlass gab zu Spekulationen über einen Aufenthalt oder gar eine Lehrzeit des Meisters in Italien. Sein herausragendes Können im Umgang mit Farben mag sehr wohl der Ausschlag für die Vergabe des großen Auftrags gewesen sein, zumal der Präzeptor des Isenheimer Klosters und Auftraggeber der Bildtafeln Guido Guersi, wie auch sein Vorgänger Jean d'Orlier, aus Italien stammte. Auf Guersi wird nicht nur die Konzeption des Bildprogramms im Wesentlichen zurückgehen. Er stellte auch ganz erhebliche Mittel für die Realisierung der Gemälde zur Verfügung. Denn die Rohstoffe für die verwendeten und, wie allgemein üblich, vom Künstler selbst aufbereiteten Farben waren nicht einfach nur von bester Qualität, viele dieser Rohstoffe waren ausgesprochen selten und überaus kostbar.

Sehr lange stand ich staunend vor diesen Farben. Einmal vertrieb mich die Kälte. Wärmer gekleidet kehrte ich zurück. Und erst als ich wieder bis auf die Knochen durchgefroren war, konnte ich mich losreißen. Kein rhetorischer Eifer, keine Erklärung und auch keine Abbildung können den Zauber dieser Farben nahebringen. Es bleibt in der Tat nur, vor dem Altar zu stehen und zu sehen.

Bei aller Qualität der Ausführung und aller Komplexität der Konzeption, das Anliegen des Isenheimer Altars war zuletzt ein praktisches. Die Vergiftung mit dem Mutterkorn-Pilz, einem Getreideparasiten, die das ganze Mittelalter hindurch aus Unkenntnis dieses Zusammenhangs epidemisch auftrat, wurde nach dem Patron des Ordens, der sich der Pflege der Opfer verschrieben hatte, Antonius-Feuer genannt. Die Vergiftung verlief unter heftigsten Schmerzen und dem Gefühl zu verbrennen meist tödlich. Es gab zwei Formen. Im einen Fall kam es durch geschwürige Prozesse zum Absterben von Extremitäten, im anderen zur krampfhaften Lähmung und dauerhaften Verrenkung der Gliedmaßen. Die Antoniter pflegten die Unglücklichen. Das Privileg des Ordens, dass für ihn Schweine innerhalb der Städte gehalten werden durften, stellte für die Opfer eine eiweißreiche Kost gegen die Auszehrung sicher und für die Klöster ein komfortables Auskommen. Der Orden beschäftigte die besten Ärzte ihrer Zeit. Sie verstanden sich insbesondere auf Amputationen. Heilsame Wirkung versprach man sich außerdem von einem Wein, der durch Übergießen der Gebeine des Ordenspatrons im Mutterkloster und durch Zusetzen von Heilkräutern bereitet wurde. Die wichtigste therapeutische Maßnahme jedoch war der Altar selbst.

Dieses Anliegen darf nicht als Aberglaube abgetan werden. Die Hoffnung auf eine wundersame Heilung war nur ein Aspekt. Auch wer mit dem Leben davon kam, blieb schwerst gezeichnet. Nicht auf die Heilung, sondern auf das Heil der Kranken, zielt der Altar. Um Heil angesichts einer unheilbaren Krankheit zu finden, gilt es, Leid zu akzeptieren. Das Bewusstsein für die therapeutische Notwendigkeit der Integration von Leid in das Selbstbild des Leidenden scheint in dem Maß verloren gegangen zu sein, wie die Möglichkeiten medizinischer Abhilfe zugenommen haben. Der Vorgang des Ablebens aber bleibt eine unausweichliche Herausforderung des Lebens.

Vor dem Altar stehend, spürte ich nach einer Weile, wie er seine tröstliche Wirkung entfaltet. Der Altar tröstet, indem er zum Verweilen in der Weite seiner Bilder einlädt, Leid ernst nimmt und in der Fülle seiner Details ein reiches Spektrum religiöser Erfahrungen umschließt. Was ich spürte, als ich lang und lang vor dem Altar stand, seine Farben bewunderte und die Weiten seiner Bilderwelt durchstreifte, war eine spirituelle Dimension: Alles ist darauf ausgerichtet, Andacht zu stiften und der Andacht Raum zu geben.

Damit trete ich fast ein Jahr nach unserem Besuch in Colmar und genau 500 Jahre nach seiner Fertigstellung zurück von dem Altar aus dem Spital der Antoniter zu Isenheim. Bang ist mir ob des Geschriebenen, des Ungeschriebenen und des in Zukunft zu Schreibenden.

Die Rückfahrt hatte etwas Endzeitliches an sich. Nicht nur ein Schneetreiben erschwerte die Fahrt. Den Regeln ihrer ganz eigenen Logik folgend, versuchte die Zielführung unseres Gefährts wiederholt, uns von der breiten Bahn abzubringen und auf kleinen Straßen durch mittelgebirgige Landschaften uns einen direkteren Weg zu weisen. Der zugleich bereitgestellten Berechnung nach sollte die Strecke zwei zusätzliche Fahrstunden in Anspruch nehmen. Das

Gefühl existenzieller Unbehaustheit, das die widrigen Witterungsverhältnisse und die gespenstische Fehlleitung mir einflößten, entfaltete seine Wirkung umso stärker, als wir zuvor noch das entrückte Idyll der Privatsammlung Beyeler in Basel besucht hatten und am Morgen in Colmar aus einer Villa aufgebrochen waren, die schon zur Zeit ihrer Erbauung unmodern herrschaftlich gewesen war. S. war die große Freitreppe herabgeschritten und ich hatte die unwirkliche Mondänität abgelichtet.

Literatur

(Auswahl)

- W.G. Sebald: Nach der Natur, Ein Elementargedicht, 5. Auflage, Frankfurt am Main 2012, (Sebald)
- W.G. Sebald: Austerlitz, 3. Auflage, Frankfurt am Main 2006, (Austerlitz)
- Heinrich Feurstein, Matthias Grünewald, Bonn 1930
- W.K. Zülch: Der historische Grünewald, Mathis Gothardt-Neithardt, München 1938, (Zülch)
- Georg Scheja, Der IsenheimerAltar des Matthias Grünewald, Köln 1969
- Reiner Marquard, Mathias Grünewald und der Isenheimer Altar: Erläuterungen, Erwägungen Deutungen, Stuttgart 1996
- François-René Martin, Michel Menu, Sylvie Ramond: Grünewald, Köln 2013, (Grünewald)

Abbildungen

Die Anordnung folgt der Erwähnung im Text

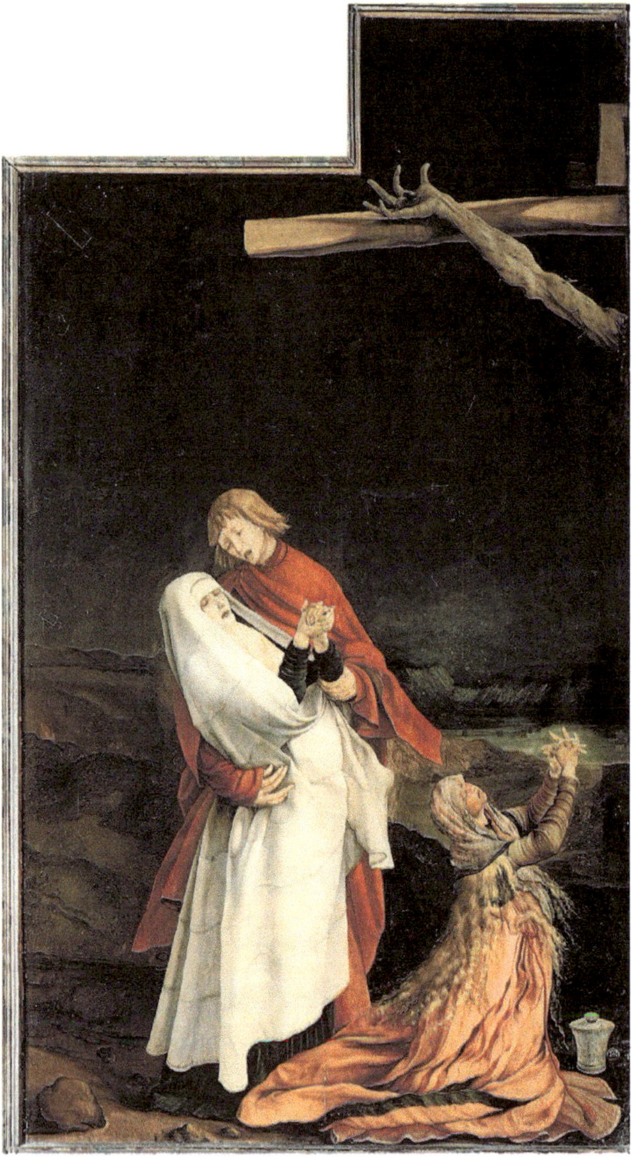

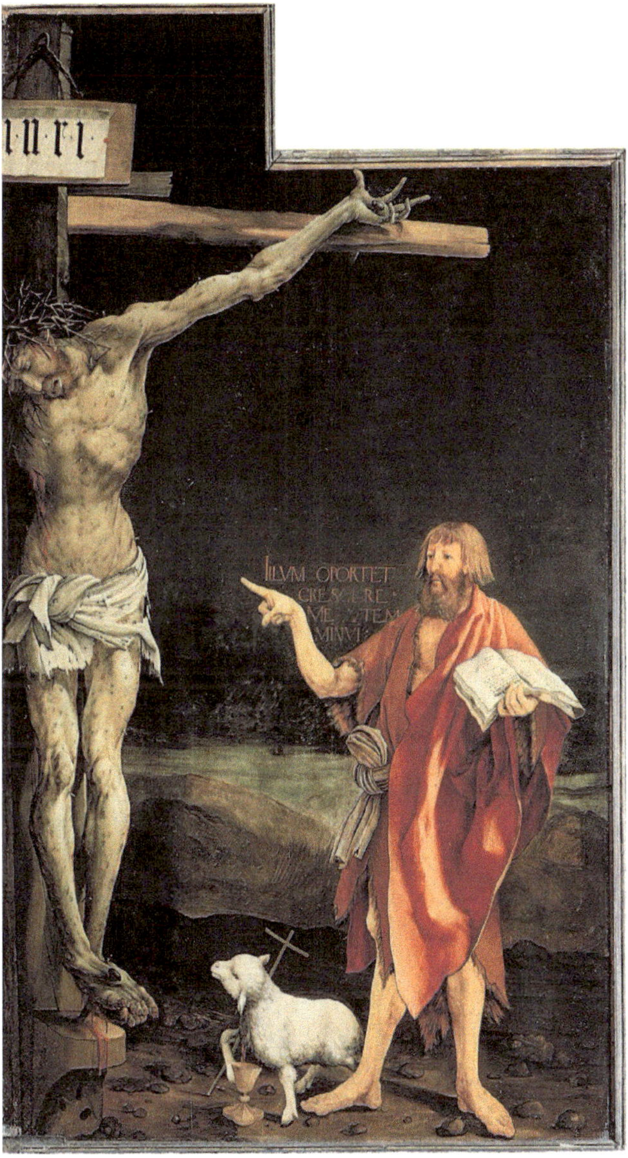
ILLVM OPORTET
CRESCERE

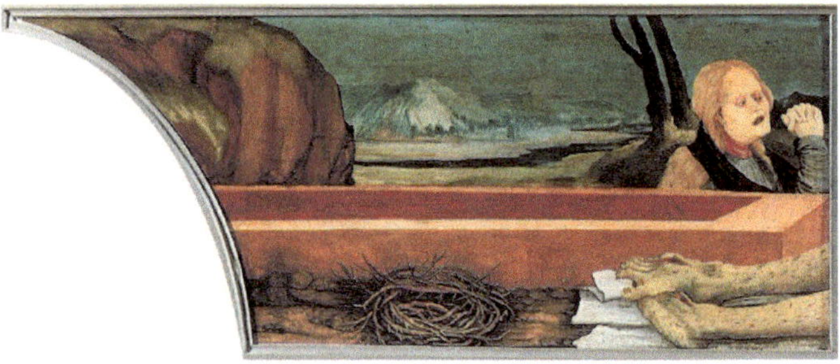

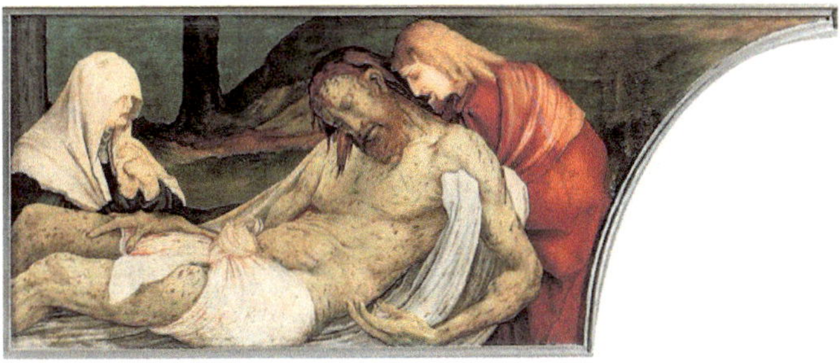

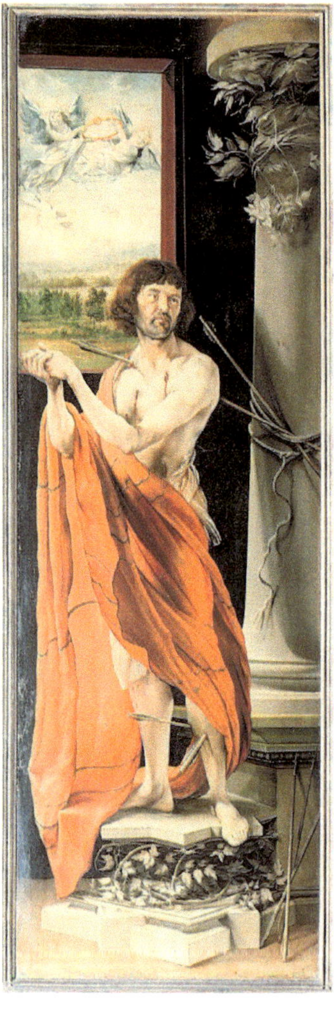

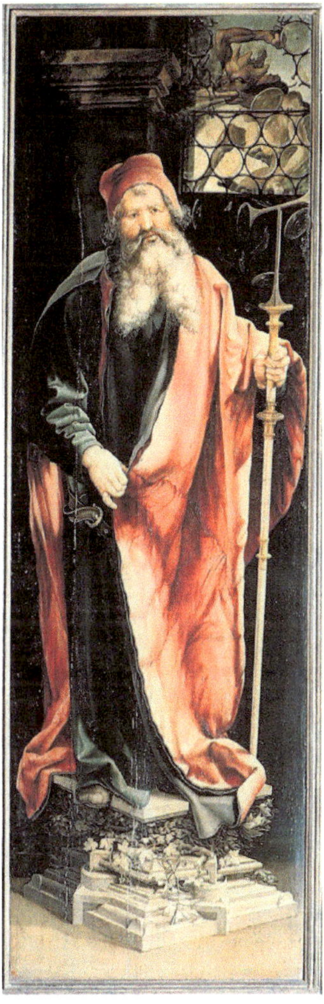

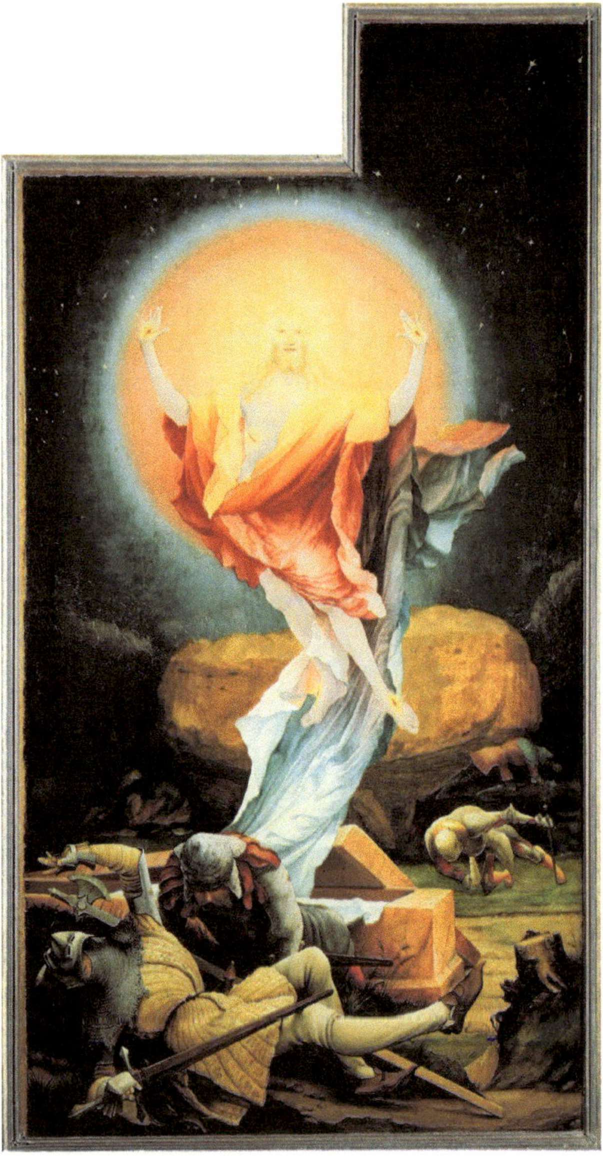

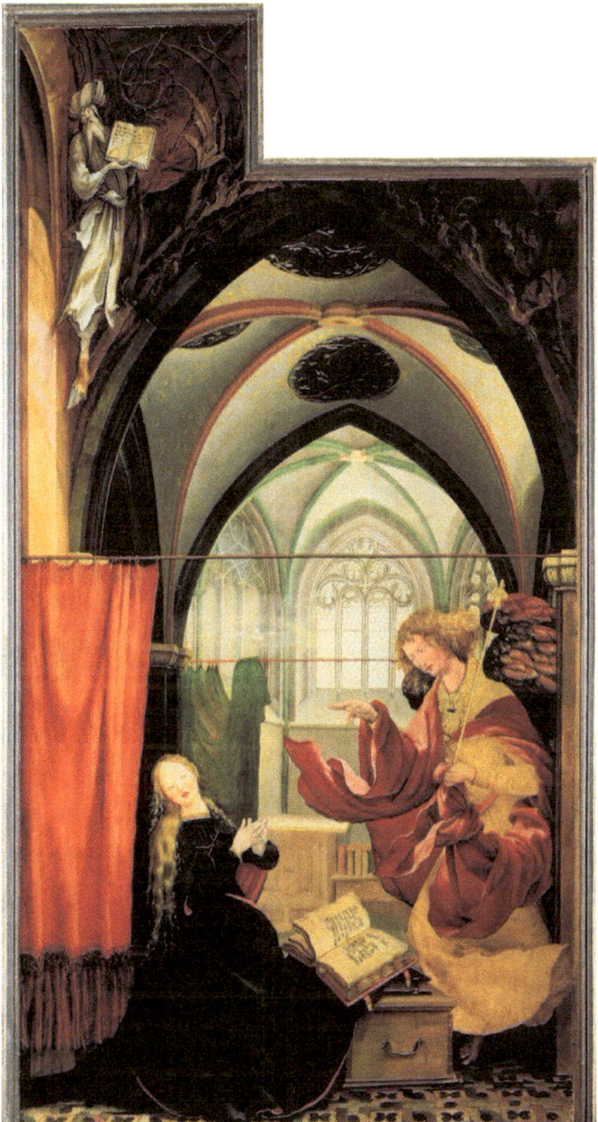

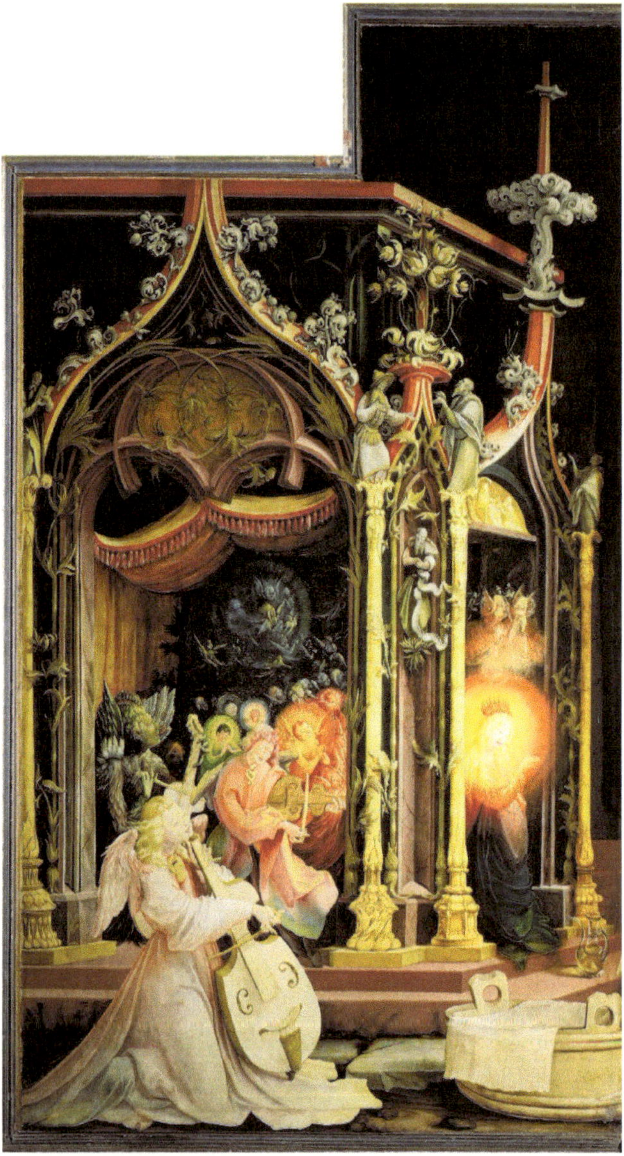

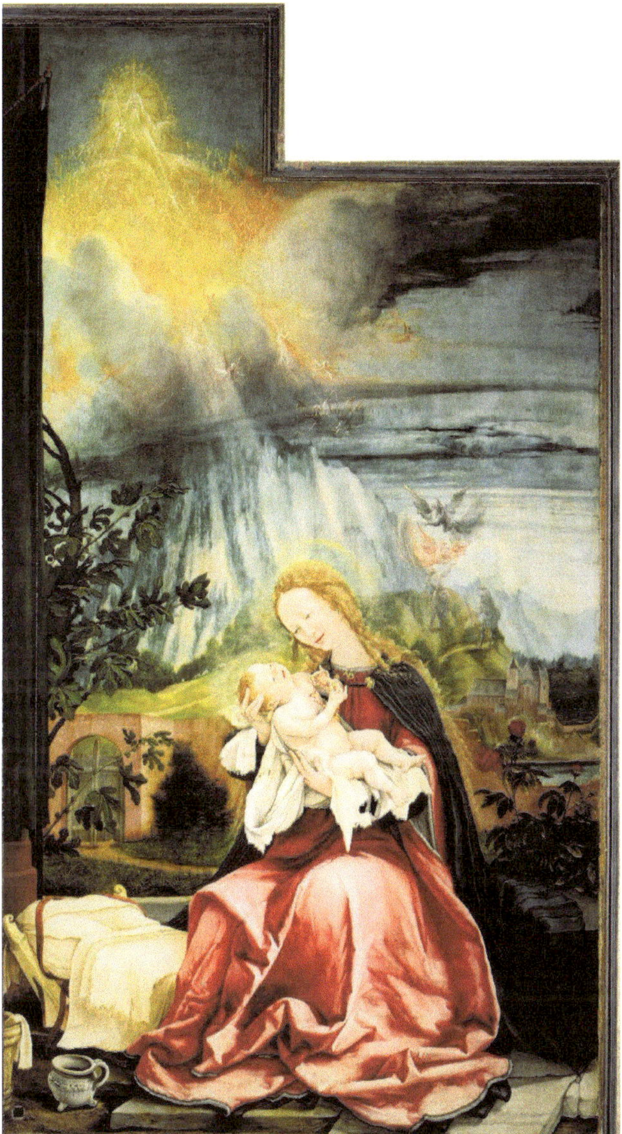

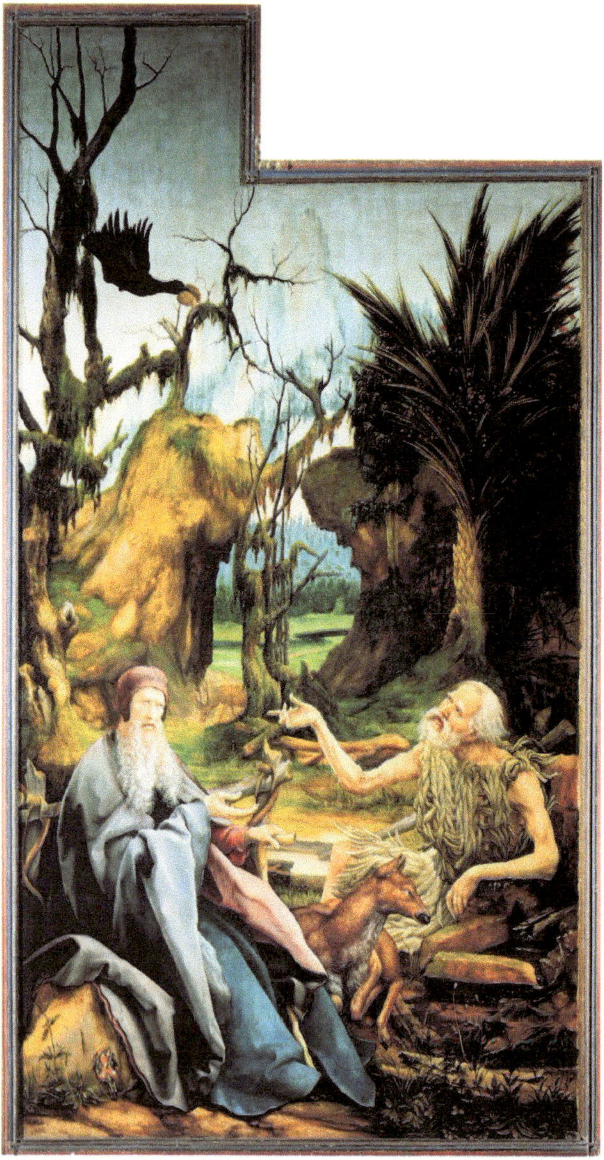

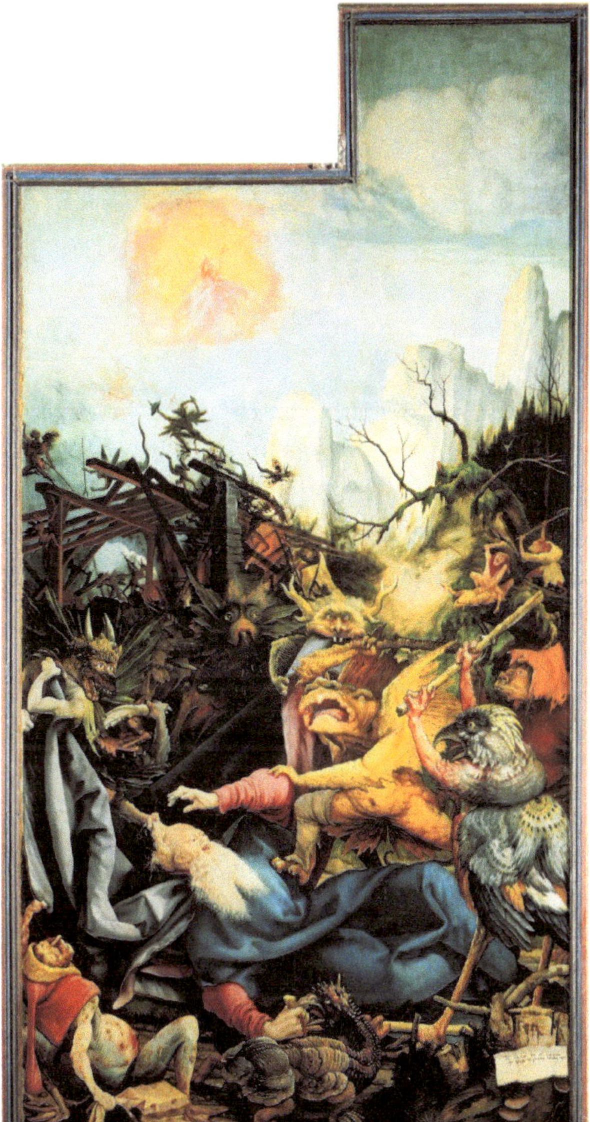

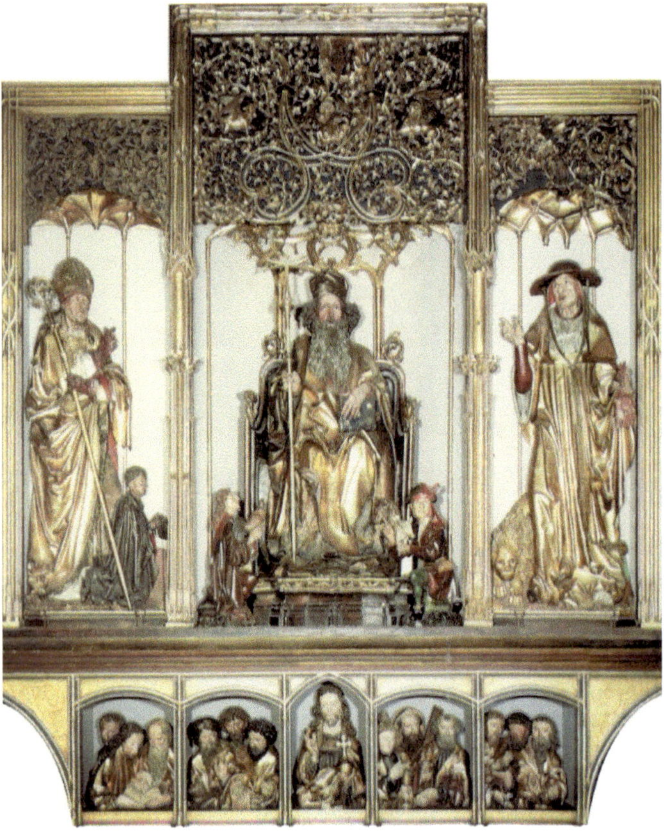